DELIBERATIONS
DU COLLEGE
DE MESSIEURS
LES AVOCATS AUX CONSEILS
DU ROY,

Concernant la diſcipline qui doit y être obſervée.

A PARIS,
Chez PRAULT pere, Imprimeur de Monſeigneur le Chancelier, Quai de Gevres, au Paradis.

M. DCC. XLI.

TABLE
DES DELIBERATIONS

Concernant la discipline qui doit être observée par Messieurs les Avocats aux Conseils.

DELIBERATION

DELIBERATION DU COLLEGE DES AVOCATS AUX CONSEILS,

SUR l'assiduité aux Bureaux du Conseil, & au service de la Compagnie.

Du 14. Janvier 1739.

CEJOURD'HUI en l'Assemblée tenüe en la Chambre ordinaire au Palais, M. Durand, premier Syndic, a dit : qu'ayant été saluer Monseigneur le Chancelier, suivant l'usage ordinaire; il les avoit chargé d'avertir les Confreres, que son intention étoit, que, suivant l'usage ancien, les Avocats qui seroient avertis par les Secretaires de Messieurs les Rapporteurs, eussent soin de se rendre aux Bureaux pour y être entendus lors de la visite des Instances, & qu'il avoit chargé Messieurs les Chefs du Bureau, de l'avertir de ceux qui y manqueroient; qu'ils les avertissent aussi, que son intention étoit, que les Assemblées des Avocats aux Conseils se tinssent exactement selon l'usage ordinaire, & que ceux qui doivent assister y fussent assidus.

La matiere mise en déliberation.

La Compagnie, sous le bon plaisir de Monseigneur le Chancelier, a arrêté, que tous les Confreres se conformeroient à ses intentions & se rendroient exactement aux Bureaux ausquels ils auroient été mandés, & aux Assemblées de la Compagnie ausquelles ils seroient de service ; & ont mesdits Sieurs Syndics signé.

DELIBERATION

DU COLLEGE DES AVOCATS AUX CONSEILS,

POUR regler le Service de chacun d'eux aux Assemblées ordinaires de la Compagnie.

Du 14. Janvier 1739.

CEJOURD'HUI en l'Assemblée tenüe en la Chambre ordinaire au Palais, M. Durand, premier Syndic a répresenté à la Compagnie, qu'il étoit nécessaire de regler le tems du Service que chaque Confrere devoit faire aux Assemblées de la Compagnie, ce qui fait un changement, attendu que le nombre de ceux qui composent la nouvelle, est moins considerable que le nombre de l'ancienne.

La matiere mise en déliberation.

La Compagnie, sous le bon plaisir de Monseigneur le Chancelier, a arrêté que chaque Confrere fera le Service pendant deux mois de chaque année, non de suite, mais de six mois en six mois, suivant la Liste qui sera distribuée en la forme ordinaire ; & ont mesdits Sieurs Syndics signé.

DELIBERATION

DU COLLEGE DES AVOCATS AUX CONSEILS,

POUR regler ceux des Confreres qui seront réputés anciens dans la Compagnie, & ceux qui y seront reputés nouvellement reçûs.

Du 21. Janvier 1739.

CEJOURD'HUI en l'Assemblée tenüe en la Chambre ordinaire au Palais, M. Durand, premier Syndic, a dit : qu'il étoit nécessaire qu'il fût décidé lesquels d'entre les Confreres, seroient reputés être anciens, & ceux qui seroient reputés, ou jeunes, ou nouvellement reçûs.

La matiere mise en déliberation.

La Compagnie, sous le bon plaisir de Monseigneur le Chancelier, a arrêté, que les trente premiers des Confreres inscrits sur la Liste ordinaire, seront reputés être anciens, & les dix derniers, être nouvellement reçûs ; & ont mesdits Sieurs Syndics signé.

DELIBERATION
DU COLLEGE DES AVOCATS AUX CONSEILS.

POUR renouveller les dispositions faites par les Ordonnances, Edits, Reglemens, Arrests du Conseil, & Jugemens des Requêtes de l'Hôtel, au sujet des Solliciteurs de Procès & des Avocats aux Conseils, qui prêteroient leurs noms ausdits Solliciteurs ou aux Avocats dont les Offices ont été supprimés.

Du 17. Février 1739.

CEJOURD'HUI, en l'Assemblée générale convoquée par Billets, tenüe en la Chambre ordinaire au Palais, M. Durand, premier Syndic, a dit:

Que, quoique l'Edit du mois de Septembre dernier, fasse les défenses les plus expresses, aux Avocats dont les Offices ont été supprimés, de faire les fonctions d'Avocats aux Conseils; cependant Messieurs ses Collegues & lui, apprennent tous les jours de plus en plus, que ces Avocats trouvent le moyen de conserver leurs anciens Cliens, & même de s'en procurer de nouveaux, en semant dans le public, les bruits d'une nouvelle création, ou d'un prochain rétablissement, en attendant lequel, ils continueront l'instruction des Instances, sous le nom des Avocats aux Conseils, créés par l'Edit du mois de Septembre dernier; de sorte que les Parties abusées par des discours si contraires à la vérité, n'osent retirer leurs Piéces des mains des Avocats dont les Offices ont été supprimés, ni s'adresser à ceux qui ont été choisis par Sa Majesté, pour être leurs seuls Défenseurs légitimes.

Qu'un tel désordre, aussi préjudiciable à l'interêt public, que contraire à l'honneur de la Profession, & qui produiroit le même effet, que, si le nombre des Avocats aux Conseils eût été augmenté, au lieu d'être réduit, comme il l'a été dans de justes bornes, a parû meriter une attention d'autant plus sérieuse, qu'il étoit à craindre, que, si quelques-uns d'entr'eux étoient capables, de ceder aux vives sollicitations des Avocats dont les Offices ont été supprimés, ils n'exposassent la nouvelle Compagnie, à la douleur de se trouver forcée de faire, ou de provoquer incessamment, des exemples d'autant plus fâcheux, qu'ils sembleroient l'avilir dans sa naissance même.

Que c'est dans cette vûe qu'ils ont été chargés de faire promptement une exacte recherche dans les Registres de la Compagnie, de tout ce qui avoit été fait successivement pour prévenir, ou faire cesser un abus si dangereux : Que par cette recherche ils ont eu la satisfaction de réconnoître, qu'ils n'ont rien à proposer sur cette matiere qui n'ait été ordonné par des Arrêts du Conseil, par des Jugemens des Requêtes de l'Hôtel, même par d'anciennes Ordonnances du Royaume, & par des Déliberations prises par leurs Prédecesseurs, dûement autorisées.

Qu'il ne s'agit donc aujourd'hui que de rassembler dans une nouvelle Déliberation, & de réunir sous un seul point de vûe, les sages précautions répandües dans ces différens Reglemens, afin de remettre devant les yeux de tous les Confreres, les regles inviolables de leurs devoirs, & les justes peines ausquelles ils s'exposeroient, s'ils étoient assez malheureux pour les oublier; & de supplier en même tems, Monseigneur le Chancelier, de vouloir bien autoriser la Déliberation par un Arrêt du Conseil, afin d'en assurer pleinement l'exécution, & en instruisant le public des véritables intentions de Sa Majesté, lui faire connoître en même tems, la protection qu'Elle veut bien accorder à la nouvelle Compagnie.

Sur quoi, Lecture faite des Articles 14. de l'Ordonnance de 1539. 1. de celle de 1546. 5. de celle de 1570. & 324. de celle de 1579. comme aussi, des Arrêts du Conseil, & des Jugemens des Requestes de l'Hôtel, des 12. Octobre 1644. 13. Juin & 10. Juillet 1658. 12. Janvier 1660. 7. Octobre 1681. 13. Janvier & 2. Juin 1682. & 13. Avril 1683. ensemble des Articles 57. du Reglement de 1660. 87. de celui de 1673. 159. de celui de 1687. & 4. du Titre 17. de celui de 1738. & des différentes Déliberations, prises successivement par ladite Compagnie, sur ladite matiere, notamment celles des 20. & 26. Septembre 1673. Après que la matiere a été mise en déliberation :

Il a été conclu & arrêté, sous le bon plaisir de Monseigneur le Chancelier, que, les Reglemens faits contre les Solliciteurs & les Confreres qui signeroient pour eux, ou leurs prêteroient leur nom, seront exécutés selon leur forme & teneur, & que les dispositions portées par les Déliberations des 20. & 26. Septembre 1673. seront ponctuellement observées, notamment en ce qui concerne la preuve du Fait de sollicitation & le serment qui y est prescrit, à l'effet de quoi, lesdites Déliberations seront transcrites à la suite de la presente, qui sera imprimée, pour être distribuée à chacun des Confreres ; que tous lesdits Confreres seront tenus de se rendre à la prochaine Assemblée, pour être fait lecture desdites Délibérations, & être le serment qui y est prescrit, par eux prêté, en la forme & ainsi qu'il est porté par les Déliberations de 1673.

Que conformément aux Arrêts du Conseil des 10. Juillet 1658. 7. Octobre 1681. 13. Janvier 1682. & 13. Avril 1683. les Syndics des Avocats aux Conseils, pourront se transporter au nombre de deux au moins, & assistés de l'un des Huissiers du Conseil, ou des Requestes de l'Hôtel, dans les Maisons des Solliciteurs de Procès, ou des Avocats dont les Offices ont été supprimés, pour y faire les recherches nécessaires des Piéces, Ecritures, ou Procedures qu'ils auront en leur possession, concernant les Affaires qu'ils poursuivroient ou instruiroient sous le nom d'aucuns des Avocats aux Conseils, tant au Conseil, qu'aux Requestes de l'Hôtel, ou dans les Commissions extraordinaires dudit Conseil, desquelles Piéces sera fait Inventaire & Description sommaire par ledit Huissier, qui en dressera Procès-Verbal, & remettra le tout au Greffier des Avocats aux Conseils.

Que, pareille visite pourra être faite chez chacun des Confreres, qui seront tenus de representer ausdits Syndics, les Dossiers, Minutes & Residus des Affaires, dans lesquelles ils seront soupçonnés de prêter leur nom, pour, en cas qu'il s'y trouve quelques Actes, Ecritures, ou Procedures écrites de la main de quelqu'un desdits Solliciteurs de Procès, ou des Avocats dont les Offices ont été supprimés, même de celle des Clercs desdits Avocats, en être par ledit Huissier fait Inventaire & Description sommaire, & être lesdits Papiers remis, sur le champ, au Greffier des Avocats aux Conseils, Procès-Verbal préalablement dressé du tout, même du défaut de representation d'iceux, en cas qu'il ait été fait refus de les representer.

Qu'en exécution des Arrêts des 13. Janvier 1682. & 13. Avril 1683. les Avocats aux Conseils impliqués dans le Fait de Sollicitation, même leurs Clercs, si besoin est, & les Solliciteurs de Procès, ou les Avocats dont les Offices ont été ſupprimés, ſeront tenus de ſe rendre à l'Aſſemblée ordinaire de la Compagnie; ſçavoir, leſdits Avocats aux Conſeils, au premier mandement qui leur ſera envoyé de la part des Syndics, & les autres, à la premiere ſommation qui leur en ſera faite, pour être entendus en leurs réponſes & défenſes, ſur les faits concernant la ſollicitation, même reconnoître les écritures & ſignatures dont ils ſeront requis par leſdits Syndics, faute de quoi, ils ſeront reputés convaincus du fait de ſollicitation, ſans qu'ils puiſſent être reçûs à ſe pourvoir contre les Déliberations qui auront été priſes en conſéquence, ni contre les Arreſts qui auront été rendus, ſur l'avis de ladite Aſſemblée, juſqu'à ce qu'ils y ayent comparu & été entendus.

Que ſuivant ledit Arreſt du 13. Janvier 1682. ſur le vû des Procès-Verbaux, Inventaires, Piéces, Ecritures, Procedures, Interrogatoires ou Examens ci-deſſus mentionnés, il ſera pris par ladite Aſſemblée telle Déliberation, contre ceux qui ſeront impliqués dans le fait de ſollicitation, ou donné tel avis qu'il appartiendra, & ledit avis ſera remis ſur le champ par les Syndics, à Monſeigneur le Chancelier, afin qu'il veuille bien y pourvoir, & donner tel Arreſt qu'il jugera néceſſaire, pour prononcer les peines requiſes par les Reglemens.

Que la preſente Déliberation ſera lûe, & le ſerment qui y eſt preſcrit, réiteré tous les ans en l'Aſſemblée générale qui ſe tiendra pour l'élection des Officiers de la Compagnie.

Et pour que l'exécution de tout ce deſſus ſoit pleinement aſſurée, il a été arrêté, que les Syndics ſe pourvoiront, pour faire homologuer par Arreſt du Conſeil la preſente Déliberation, & que Monſeigneur le Chancelier ſera en même tems, ſupplié de vouloir bien renouveller par le même Arrêt, les défenſes & les peines portées par les Reglemens précedens, contre les Solliciteurs de Procès, & contre les Avocats aux Conſeils qui leur preſteroient leurs noms, ou qui ſigneroient pour eux; comme auſſi d'ordonner que les amendes qui pourront eſtre prononcées conformément auſdits Arreſts & Reglemens, ſeront appliquées; ſçavoir, moitié à S. M. & moitié aux beſoins de la Compagnie: & ont leſdits Sieurs Doyen & Syndics, ſigné la Minute des Preſentes, ainſi ſigné, CLAVIER, DURAND, BIDART, LORTEMART & BONHOMME.

Enſuit la teneur de deux Déliberations des vingt & vingt-ſix Septembre mil ſix cent ſoixante-treize.

Du 20. Septembre 1673.

CEJOURD'HUI, en l'Assemblée générale convoquée par Billets imprimés, tenuë en la Chambre ordinaire au Palais, Monsieur Cornier, premier Syndic a dit : Que les Reglemens du Conseil & de la Compagnie, sur le fait des Solliciteurs, & des Confreres qui leur prêtent leur nom & leur ministere, ayant jusques à present été éludés par tous les artifices que les uns & les autres ont crû propres à ôter à la Compagnie la connoissance de leurs contraventions ausdits Reglemens, & les soustraire en même tems aux peines portées par lesdits Reglemens, quelques soins & quelque exactitude que Messieurs les précedens Syndics & les autres Confreres, ayent pû y apporter; Messieurs les Syndics presentement en charge ont crû à propos d'invitèr la Compagnie à remedier par sa prudence à ce désordre, par toutes les précautions, qu'elle jugera capables de nécessiter les Confreres à une plus religieuse observation desdits Reglemens. L'Affaire mise en déliberation :

La Compagnie, à la pluralité des voix, a conclu & arrêté, que les Reglemens du Conseil, & les Déliberations prises aux précedentes Assemblées, contre les Solliciteurs, & les Confreres qui ont signé & qui signeront pour eux, seront exécutées selon leur forme & teneur; & en conséquence, qu'il sera renouvellé un serment solemnel par tous les Confreres, de ne prêter leur Ministere & leur Signature directement ni indirectement ausdits Solliciteurs, dont sera presentement fait Acte, qui sera à l'instant signé par chacun des Confreres presens, & par ceux qui sont absens, au premier jour d'Assemblée, à laquelle ils seront pour ce mandés : Par lequel Acte, chacun desdits Confreres se soumettra, en cas de contravention, aux peines établies par lesdits Reglemens, même au payement de la somme de cinq cens livres, ordonné par le Reglement de Sa Majesté du 3. Janvier dernier, qui ne pourra être remise ni moderée, pour quelque cause que ce soit; privation de l'Entrée, Droits & Honneurs de la Compagnie, & interdiction de leur Charge : & que le preſent Reglement ſera lû, & le même ſerment réïteré chacun an, en l'Aſſemblée générale qui ſe tiendra pour l'Election des Officiers de ladite Communauté.

A été auſſi arrêté, que ceux des Confreres qui auront connoiſſance deſdits Solliciteurs & des Avocats qui auront ſigné ou qui ſignent pour eux, les déclareront inceſſamment & ſecretement à l'un deſdits ſieurs Syndics, ou au Greffier de ladite Communauté; indiqueront la demeure deſdits Solliciteurs, & adminiſtreront les preuves, ſi aucunes ils ont, de ladite Sollicitation, & de la complicité deſdits Confreres, le tout, à peine d'être & de demeurer eux-mêmes réputés complices dudit fait de Sollicitation, & d'encourir par eux, toutes les peines ci-deſſus; que la preuve du fait de ſollicitation ſera entiere & pleinement établie contre chacun des Confreres, & en conſéquence, les peines ci-deſſus encourues, lorſqu'étant enquis du merite, de l'état & des autres circonſtances de l'Affaire en laquelle ſon nom ſera employé, & qui n'aura été jugée, ou la pourſuite interrompüe que depuis trois mois ſeulement, il n'en pourra rendre raiſon à la Compagnie, & que la même preuve dudit fait de ſollicitation ſera pareillement établie contre les Confreres qui ſe trouveront occuper en des Affaires, dont les Doſſiers, Sacs, Procedures & Piéces, ſoit principales, ou d'inſtruction, ſe trouveront ès mains deſdits Solliciteurs, ou qui pourront être réputés tels.

Fait défenſes, ladite Compagnie, à tous Confreres, de ſigner en quelque maniere que ce ſoit, pour les Avocats aux Conſeils qui ſont ſupprimés par le Rolle arrêté au Conſeil le 3. Janvier dernier, auquel effet, chacun deſdits Confreres en fera preſentement le ſerment, avec ſoumiſſion, en cas de contravention, aux peines ordonnées contre ceux qui ſignent pour les Solliciteurs; & ont meſdits Sieurs Syndics ſigné.

Du 26. Septembre 1673.

CEJOURD'HUI, en l'Assemblée générale convoquée par Billets imprimés, tenuë en la Chambre ordinaire au Palais, sur la Proposition faite à la Compagnie par Monsieur Cornier, premier Syndic, qu'après avoir déliberé sur l'obligation que les Confreres ont de ne point prêter leur ministere, ni leurs signatures aux Avocats supprimés, par l'Etat arrêté au Conseil le 3. Janvier dernier, il étoit aussi important de déliberer si on apporteroit les mêmes précautions à l'égard des Avocats depuis supprimés par l'Arrêt du Conseil du mois de Juin dernier: La matiere mise en déliberation.

La Compagnie, a arrêté, qu'aucun des Confreres, ne prêtera son ministere, ni sa signature aux Avocats supprimés, par l'Arrêt du Conseil du mois de Juin 1673. directement ni indirectement, sous les mêmes peines portées, par la Déliberation du 20. du present mois de Septembre, & que tous les Confreres en feront presentement le serment; & ont mesdits Sieurs Syndics signé.

ARREST DU CONSEIL,

CONCERNANT *les Solliciteurs de Procès, & les Avocats aux Conseils qui prêteroient leur nom.*

Du 23. Février 1739.

Extrait des Registres du Conseil d'Estat du Roy.

VEU par le Roy en son Conseil, la Requête présentée à Sa Majesté, par les Doyen, Syndics, & Greffier des Avocats en ses Conseils, tendante à ce qu'il plût à Sa Majesté homologuer la Déliberation par eux prise, & ordonner qu'elle seroit executée selon sa forme & teneur; comme aussi renouveller les défenses & les peines portées, par les Edits, Arrêts & Reglemens mentionnés en ladite Déliberation, contre les Solliciteurs de Procès, & contre les Avocats dont les Offices ont été supprimés, & expliquer en même tems ses intentions sur l'application des amendes qui pourront être prononcées en exécution desdits Arrêts & Reglemens: Vû aussi la Déliberation prise par lesdits Avocats le 17. Février

1739. ensemble les Edits, Arrêts, & Reglemens qui y sont énoncés : Et tout considéré : SA MAJESTE' EN SON CONSEIL, de l'avis de Monsieur le Chancelier, a homologué & homologue ladite Déliberation, laquelle demeurera annexée en la minute du présent Arrêt, pour être exécutée selon sa forme & teneur ; ORDONNE SA MAJESTE' que l'Edit du mois de Septembre dernier, & l'Art. IV. du Titre 17. de la seconde Partie du Reglement du Conseil, seront exécutés ; & en conséquence, a fait & fait très-expresses inhibitions & défenses aux Clercs, Solliciteurs, & à tous autres qu'aux Avocats aux Conseils, notamment aux Avocats dont les Offices ont été supprimés par ledit Edit, de s'immiscer directement ou indirectement dans les fonctions d'Avocats aux Conseils, à peine de cinq cens livres d'amende ; & de signer aucuns Actes de Procedures, soit d'Instruction ou autres, ni même de les cotter du nom des Avocats aux Conseils, à peine de faux, outre l'amende ci-dessus portée : FAIT SA MAJESTE' pareilles inhibitions & défenses aux Avocats en ses Conseils, de prêter leur ministere directement ou indirectement aux susdits Solliciteurs ou autres, & de signer pour eux, aucunes Ecritures ou Expeditions, à peine de cinq cens livres d'amende & d'interdiction pour la premiere fois, même de ne pouvoir obtenir des provisions desdits Offices, en cas qu'ils n'en soient pas encore pourvus en titre, & de destitution ou de privation de leurs charges pour la seconde : ORDONNE SA MAJESTE', que lesdites Amendes seront appliquées, sçavoir, moitié à Sa Majesté, & l'autre moitié aux besoins du Collége des Avocats aux Conseils, sans qu'elles puissent être remises ni moderées. ET SERA le présent Arrêt lû en l'Assemblée desdits Avocats aux Conseils, & par tout où besoin sera, à ce que personne n'en prétende cause d'ignorance. FAIT au Conseil d'Etat du Roi, tenu à Versailles le vingt trois Février mil sept cent trente neuf. Collationné : *Signé*, PUJOL.

L'extrait ci-dessus a été lû en l'Assemblée generale des Avocats aux Conseils, tenuë le 3. Mars 1739. & enregistré dans le Registre de leurs Déliberations ; & en execution d'icelui, le serment prescrit par la Déliberation du 17 Fevrier precedent, homologué par ledit Arrest, a été sur le champ prêté par tous les Avocats aux Conseils, conformément à ladite Déliberation, ainsi qu'il est porté audit Registre. Signé, BOILLEAU, Greffier.

DELIBERATION

DU COLLEGE DES AVOCATS AUX CONSEILS,

AU ſujet des Droits ſur les Productions, Arrêts, Jugemens, & autres pour ſubvenir aux dépenſes néceſſaires de la Compagnie.

Du 10. Mars 1739.

CEJOURD'HUI, en l'Aſſemblée génerale, convoquée par Billets, tenuë en la Chambre ordinaire au Palais, M. Bidard, ſecond Syndic, a rendu compte du travail de Meſſieurs les Commiſſaires nommés par la Déliberation du 17. Février dernier, pour examiner les moyens les plus convenables, pour ſubvenir aux dépenſes néceſſaires de la Compagnie, & il a dit: que s'étant aſſemblés le 25. du même mois, à l'exception de M. Durand, premier Syndic, qui ne put s'y trouver, & ayant examiné à fond à quoi pourroient monter ces ſortes de dépenſes, & quelle ſeroit la voye la plus douce & la moins onereuſe de faire un fond pour y ſubvenir, il fut unanimement convenu, que le moyen le plus ſimple & le plus facile, ſeroit de prendre quatre livres par chaque production faite au Greffe du Conſeil, deux livres par chaque Arrêt du Conſeil & de la grande Direction, définitif, ou adjudicatif de dépens, même par chaque Arrêt qui ſeroit rendu pour juger un incident, une livre pour chaque Jugement de pareille nature, qui ſeroit rendu dans les Commiſſions du Conſeil, & la moitié du droit d'aſſiſtance de l'Avocat Demandeur en taxe, avec les droits accoutumés de Chapelle.

Que pour aſſurer & faciliter en même tems la perception de ces différens Droits, ſans qu'aucun des Confreres ſoit aſſujetti à cet emploi, toujours déſagréable & difficile à remplir, il étoit néceſſaire de donner une retribution convenable de tant par livre des ſommes qui ſeront recouvrées, ſoit au Commis du Greffe, ſoit aux Commis des Huiſſiers, ou à telles autres perſonnes qui ſeroient choiſies par Meſſieurs les Syndics pour ledit recouvrement, à l'effet de quoi, ils ſeroient autorisés à passer avec ceux qu'ils en chargeront, telles conventions qu'ils jugeront être nécessaires.

Qu'à l'egard du droit de Chapelle, il seroit payé par tous les Confreres, à l'exception des Officiers en place, à M. le Greffier, à l'Assemblée génerale, le jour de Saint Louis, faute de quoi il le retiendroit sur les premiers jettons à distribuer pour la présence aux Assemblées; au moyen de quoi, la perception se feroit sans peine, & sans qu'il y eût de difficulté au payement, & cela assureroit à la Compagnie un fond suffisant pour ses dépenses ordinaires, sans qu'aucun des Confreres en souffrît de préjudice; qu'on seroit même en état par-là d'examiner plus particulierement, à chaque compte à rendre par le Greffier, le produit de ces droits, & de les diminuer, s'ils paroissent être trop considerables, surquoi la matiere mise en Délibération.

La Compagnie, sous le bon plaisir de Monseigneur le Chancelier, a unanimement arrêté, qu'à compter du premier Avril prochain, il sera pris quatre livres par chaque production mise au Greffe du Conseil, deux livres par chaque Arrêt définitif, ou adjudicatif de dépens du Conseil & de la grande direction, même par chaque Arrêt qui seroit rendu pour juger un incident; une livre par chaque Jugement de pareille nature, rendu dans les Commissions du Conseil, & la moitié du droit d'assistance de l'Avocat Demandeur en taxe, sans que les Confreres puissent comprendre ces differens droits dans leurs Memoires de frais contre les Parties, indépendamment des droits ordinaires de Chapelle, dont les seuls Officiers actuellement en place seront exempts.

Que pour assurer & faciliter la perception de ces Droits, Messieurs les Syndics pourront passer avec les Commis du Greffe, ou avec les Commis des Huissiers du Conseil, même à leur défaut, avec telles autres personnes solvables qu'ils voudront choisir, telle convention qu'ils jugeront à propos, pour faire le recouvrement de ces Droits, même de leur accorder une remise de tant par livre, des sommes recouvrées qu'ils seront tenus de remettre mois par mois à M. le Greffier, à l'exception toutefois du droit de Chapelle, qui sera payé tous les ans à M. le Greffier, par chacun des Confreres à l'Assemblée qui se tient le jour de Saint Louis, faute de quoi, il en pourra faire la retenuë sur les Jettons à distribuer pour la présence aux Assemblées; & la Compagnie a nommé M. Mol pour faire les fonctions de Controlleur, de toute laquelle perception, il sera rendu compte par M. le Greffier à la Compagnie, en la maniere ordinaire; & ont mesdits Sieurs Syndics signé.

DELIBERATION

DU COLLEGE DES AVOCATS AUX CONSEILS,

POUR ne charger que des Avocats aux Conseils des Causes qu'ils auroient aux Requêtes de l'Hôtel au Souverain.

Du 28. Avril 1739.

CEJOURD'HUI en l'Assemblée génerale tenüe en la Chambre ordinaire au Palais, M. Durand premier Syndic, a dit: qu'il étoit de l'honneur de tous les Confreres, qu'il fût reglé, que quand ils auroient des Causes qu'ils ne jugeroient pas à propos de plaider eux-mêmes aux Requêtes de l'Hôtel au Souverain, ils en chargeroient les Confreres.

La matiere mise en Déliberation.

La Compagnie, sous le bon plaisir de Monseigneur le Chancelier, a arrêté, que les Confreres à l'avenir, lorsqu'ils n'estimeroient pas à propos de plaider eux-mêmes les Causes qu'ils auront à porter aux Requêtes de l'Hôtel au Souverain, en chargeroient des Confreres; & ont mesdits Sieurs Syndics signé.

DELIBERATION

DU COLLEGE DES AVOCATS AUX CONSEILS,

SUR la Signature des Requêtes pour obtenir des Arrêts en Commandement.

Du 9. Juin 1739.

CEJOURD'HUI, en l'Assemblée generale convoquée par Billets, tenüe en la Chambre ordinaire au Palais, M. Durand premier Syndic, a dit: qu'il a reçû une Lettre de M. Langlois, premier Secretaire de Monſeigneur le Chancelier, en datte du 3. du préſent mois, par laquelle il engage M. Durand, de la part de Sa Grandeur, d'avertir les Confreres, qu'elle ſouhaite que toutes les Requêtes qu'ils lui adreſſeront pour obtenir des Arrêts en Commandement ſoient ſignées par quelqu'un d'entr'eux, M. Langlois ajoûte qu'il aura ſoin de ſon côté d'aſſujettir à la même formalité ceux qui lui viendront d'ailleurs, & à ne point faire expedier d'Arrêt, pour ce qui le concerne, ſi la Requête n'eſt pas ſignée par un Avocat. Après que la Lecture a été faite de la Lettre, la matiere miſe en Déliberation.

La Compagnie a chargé Meſſieurs les Doyen & Syndics d'avoir l'honneur de remercier inceſſamment Monſeigneur le Chancelier, de cette nouvelle marque de bonté & d'attention pour la Compagnie qui n'a rien de plus à cœur que de ſe conformer exactement en toutes choſes aux intentions de Sa Grandeur; & ont meſdits Sieurs Syndics ſigné.

Enſuit la teneur de la Lettre.

A Paris ce 3. Juin 1739.

Monſeigneur le Chancelier me charge, Monſieur, de vous prier d'avertir Meſſieurs vos Confreres qu'il ſouhaite que toutes les Requêtes qu'ils lui adreſſeront pour obtenir des Arrêts en Commandement, ſoient ſignées par quelqu'un d'entr'eux. J'aurai ſoin de mon côté à aſſujettir à la même formalité celles qui me viendront même d'ailleurs, & à ne point faire expédier d'Arrêt pour ce qui me concerne, ſi la Requête n'eſt pas ſignée par un Avocat. J'ai l'honneur d'être très-parfaitement, Monſieur, votre très-humble & très-obéiſſant ſerviteur, LANGLOIS.

DELIBERATION
DU COLLEGE DES AVOCATS AUX CONSEILS.
CONCERNANT *les Droits qui ſeront payés par ceux qui ſeront reçûs aux Conſeils.*

Du premier Decembre 1739.

CEJOURD'HUI, en l'Aſſemblée generale convoquée par billets, tenuë en la Chambre ordinaire au Palais, M. Durand, premier Syndic a dit: Que Sa Majeſté s'étant reſervé par l'Arrêt du 8 Decembre 1738. de regler les Droits qui feroient payés par ceux qui fuccederoient aux Avocats aux Confeils, dont l'Etat eft annexé à cet Arreft, dans lefdites Charges d'Avocats aux Confeils, Monfeigneur le Chancelier avoit jugé à propos de faire écrire à Meffieurs les Syndics le 17 Octobre dernier par M. Langlois fon premier Secretaire, pour leur ordonner de lui envoyer l'état des Droits qui fe payoient pour lefdites réceptions dans l'ancienne Compagnie, avec leurs réflexions, fur ce à quoi ils pourroient être reglés dans la nouvelle; que ceux de Meffieurs les Syndics qui fe trouverent alors à Paris, s'étoient rendus chez M. le Doyen, pour conferer fur la réponfe qu'ils avoient à faire à M. Langlois, & avoient fatisfait aux ordres de Monfeigneur le Chancelier.

Que Monfeigneur le Chancelier ayant examiné cet Etat avec leurs réflexions, avoit eu la bonté de leur faire mander par une Lettre de M. Langlois du 26 de ce mois, que fon intention étoit qu'ils rendiffent compte de cette Affaire à la Compagnie, afin qu'elle pût fe porter d'elle-même à une moderation convenable de ces Droits, par une Deliberation que Sa Majefté auroit la bonté d'homologuer par un Arrêt de fon Confeil.

Qu'en cet état, il ne reftoit qu'à rendre compte à la Compagnie de la maniere dont ils avoient crû devoir propofer à Monfeigneur le Chancelier de regler lefdits Droits, qui confiftoient autrefois, 1°. En une fomme de 100. livres, qui étoit payée par chaque Récipiendaire, pour fon Droit d'entrée en la Compagnie. 2°. En 200. livres, pour les Jettons diftribués à fa réception. 3°. En 3. livres pour le Droit de Chapelle qui fe paye par tout les Confreres à la Saint Louis, & que le Récipiendaire paye d'avance. 4°. En 20. livres qui ont été payés de tout tems à l'Hôpital General, pour aumône, ainfi que cela fe pratique dans tous les autres corps. 5°. En quatre livres de Bougie & dix-huit livres de Sucre pour chacun des Officiers de la Compagnie. 6°. En 29. livres, que le Récipiendaire donnoit au Clerc de la Compagnie; fçavoir, 3 livres pour porter chez tous les Confreres les Billets de convocation des Affemblées pour fa réception, & 26. livres pour le conduire dans les vifites qu'il fait au Confreres. 7°. Enfin, en une fomme de 3. livres qu'il payoit à l'Imprimeur de la Compagnie, pour l'impreffion des Billets de convocation.

Qu'ils ont pensé que la premiere somme ne pouvoit être diminuée, attendu que ces sortes de Droits sont destinés à faire un fond pour les dépenses necessaires de la Compagnie; & qu'ils ont vû par l'examen des Registres qu'elle ne pouvoit pas suffire dans l'ancienne Compagnie. Qu'à l'égard de la seconde, comme la Compagnie est moins nombreuse que l'ancienne, & que par conséquent il y a moins de Jettons à distribuer, il leur avoit paru juste de la réduire à 100. livres; qu'à l'égard du Droit de Chapelle, & des 20 livres d'aumône pour l'Hôpital General, il ne paroissoit pas que l'on pût rien retrancher sur deux sommes si modiques; que pour ce qui est du Present qu'on avoit accoûtumé de faire aux Officiers de la Compagnie, ils avoient unanimement crû pouvoir le réduire à quatre livres de Bougie pour chaque Officier, & douze livres de Sucre; qu'ils pensoient pareillement que le Clerc de la Compagnie ayant moins de Billets à porter, & de Visites à faire faire au Récipiendaire, il étoit juste de réduire ses Droits à une somme de 24 livres pour le tout; & que quant au Droit d'Impression, il étoit si modique qu'on ne pouvoit rien changer. Enfin, M. Durand a dit: qu'il étoit bon d'ajoûter dans les Deliberations que la Compagnie alloit prendre, que pour chaque réception, il seroit distribué deux Jettons à chacun des Officiers, à l'exception de celui d'eux qui est chargé du rapport des Provisions, auquel il en sera donné trois; qu'il en seroit donné deux à chacun des Confreres qui auront été nommés pour argumenter contre le Récipiendaire, & un Jetton seulement à chacun de tous les autres Confreres qui auront assisté aux deux Assemblées qui se tiennent pour la réception, surquoi la matiere mise en Deliberation,

La Compagnie, sous le bon plaisir de Monseigneur le Chancelier, a unanimement arrêté, 1°. Que doresnavant il seroit payé par chaque Récipiendaire, ce qui suit. Sçavoir,

	liv.
1°. Pour le Droit d'Entrée.	100.
2°. Pour les Jettons.	100.
3°. Pour le Droit de Chapelle.	3.
4°. Pour aumône à l'Hôpital General.	20.

5°. A chaque Officier de la Compagnie, quatre livres de Bougie & douze livres de Sucre.

6°. Au Clerc de la Compagnie, tant pour le Port

des

des Billets de convocation, que pour la conduite du Récipiendaire dans ses visites. . . . . 24.

7°. Pour l'impression des Billets. . . . . 3.

2°. Que la distribution de Jettons pour lesdites Réceptions seroit faite sur le pied suivant ; Sçavoir, trois Jettons pour celui des Officiers qui sera chargé du rapport des Provisions, deux à chacun des autres Officiers, deux à chacun des autres Confreres choisis pour argumenter, & un à chacun des autres Confreres qui auront assisté aux deux Assemblées tenuës pour ladite Réception.

3°. Que MM. les Syndics auront l'honneur d'aller saluer Monseigneur le Chancelier, pour le remercier de ses bontés pour la Compagnie, lui presenter la presente Deliberation, & le supplier de leur en accorder l'homologation par un Arrest du Conseil, & ont mesdits Sieurs Doyen & Syndics signé.

DELIBERATION

CONCERNANT l'enregistrement de l'Arrest du Conseil du 5. Decembre 1739. portant homologation de la Déliberation concernant les Droits de Réception.

Du 29. Decembre 1739.

CEJOURD'HUI, en l'Assemblée tenuë en la Chambre ordinaire au Palais, après l'appel de ceux des Confreres qui doivent faire le service pendant le present mois, & des six derniers de la Liste, qui sont tenus du pareil service, M. Durand premier Syndic, a dit : qu'il lui a été envoyé par M. Langlois, premier Secretaire de Monseigneur le Chancelier, l'Arrest du Conseil d'Estat du 5. du present mois, qui homologue la Déliberation de la Compagnie, concernant la réduction des Droits de Réception dans les Offices d'Avocats aux Conseils du premier du même mois, dont il a requis la lecture & l'enregistrement.

Ensuit la teneur dudit Arrest.

ARREST DU CONSEIL,

PORTANT homologation de la Déliberation du College des Avocats aux Conſeils, au ſujet des Droits qui ſeront payés par ceux qui ſeront reçûs Avocats aux Conſeils du Roy.

Du 5. Decembre 1739.

VEU par le Roy en ſon Conſeil, l'Arrêt qui a été rendu le 8. Decembre 1738. par lequel Sa Majeſté s'eſt réſervé de régler les Droits qui ſeroient payés pour la réception de ceux qui ſuccederoient aux Avocats aux Conſeils, dont l'Etat eſt annexé audit Arreſt, dans leſdites Charges d'Avocats aux Conſeils. La Déliberation priſe par les Doyen & Syndics du College deſdits Avocats aux Conſeils, le premier Decembre dernier, au ſujet de la réduction des Droits qui ſe percevoient cy-devant pour la reception dans leſdites Charges, & tout conſideré. LE ROY EN SON CONSEIL, de l'avis de Monſieur le Chancelier, a homologué & homologue ladite Deliberation, qui demeurera annexée à la minutte du preſent Arreſt, pour être executée ſelon ſa forme & teneur: Ordonne Sa Majeſté, que le preſent Arreſt ſera lû en l'Aſſemblée deſdits Avocats aux Conſeils, & tranſcrit ſur leur Regiſtre. FAIT au Conſeil d'Eſtat du Roy, tenu à Verſailles le cinq Decembre mil ſept cent trente-neuf. *Signé*, PHELYPEAUX.

Lecture faite dudit Arreſt, & la matiere miſe en déliberation.

La Compagnie, ſous le bon plaiſir de Monſeigneur le Chancelier, a été d'avis qu'il demeureroit enregiſtré, pour être executé ſelon ſa forme & teneur; & ont meſdits Sieurs Syndics ſigné,

DELIBERATION
DU COLLEGE DES AVOCATS AUX CONSEILS,

CONCERNANT la perception des Droits qui doivent être payés à la Compagnie, sur les Arrêts & Jugemens.

Du 7. Fevrier 1741.

CEJOURD'HUI, en l'Assemblée generale tenuë en la Chambre ordinaire au Palais, M. Durand premier Syndic, a dit: Que par Deliberation du 10. Mars 1739. la Compagnie avoit entr'autres choses arrêté qu'il seroit pris deux livres pour chaque Arrêt définitif, ou adjudicatif de dépens du Conseil & de la Direction des Finances, même pour chaque Arrêt qui auroit jugé un incident; une livre pour chaque Jugement de pareil nature, rendu dans les Commissions du Conseil, & la moitié du droit d'assistance de l'Avocat, demandeur en taxe.

Qu'en execution de cette Deliberation on s'étoit arrangé avec le Sieur Vernon, Commis pour les Expeditions du Conseil, pour faire la perception des trois Droits qu'il vient de rappeller, mais que les deux comptes rendus par M. Boilleau, alors Greffier, auroient fait connoître que ces Droits n'avoient pas produit, à beaucoup près, ce que la Compagnie en avoit attendu, ce qui est venu vraisemblablement de ce que plusieurs de ces Droits avoient échappé au Sieur Vernon, auquel il n'avoit pas été possible d'assujettir exactement Messieurs les Confreres au payement de chacun de ces Droits. Que Messieurs Boilleau & de Tilliere ayant recherché les moyens les plus efficaces de faire avec exactitude la perception de ces Droits, il leur avoit paru qu'il n'y avoit que les Clercs de Messieurs les Huissiers du Conseil qui pussent la faire avec la derniere exactitude; que pour faire ce projet Messieurs ses Confreres & lui s'étoient abouchés avec quelqu'uns des Huissiers qu'ils avoient trouvés disposés à faire à la Compagnie tout le plaisir qu'elle pouvoit attendre d'eux, pourvû que M. le Greffier voulût bien s'arranger avec leurs Clercs, de façon que leur service n'en souffrît point, & qu'il n'en résultât rien au désavantage de leur Compagnie.

Surquoi ont été projetté les Articles qui suivent.

Le premier que M. le Greffier pourra prendre au premier jour, du consentement de MM. les Huissiers du Conseil & de la grande Chancellerie, les arrangemens les plus convenables pour la perception des sommes qui doivent estre payées par MM. les Confreres, en consequence de la Deliberation du 10. Mars 1739. Sçavoir,

Deux livres pour chaque Arrest du Conseil.

Une livre pour chaque Jugement.

Et au lieu de la moitié du Droit d'assistance, laquelle est toûjours incertaine, & qu'il seroit impossible que les Clercs de MM. les Huissiers pussent perçevoir, attendu que l'executoire passe rarement dans leur Bureau, & qu'il ne contient jamais le détail des Articles passés en taxe, une somme fixe, comme de trois, quatre ou cinq livres, qui seroit payée lors de la signification de la Declaration de dépens.

Le deuxiéme, que M. le Greffier fera tous les mois compter de ces sommes par les Clercs des Huissiers qui en auront fait la perception, & en retirera le produit, pour le porter en recette dans le Compte qu'il est tenu de rendre tous les ans.

Le troisiéme, que de la perception de ces sommes ainsi faite par les Clercs, il n'en pourra resulter aucune chose directement ni indirectement au préjudice de MM. les Huissiers, pas même de concurrence avec eux, en cas de discussion des effets de leurs Clercs, & que la perception desdits Droits ne pourra être faite par aucun autre que par leurs Clercs, sous quelque prétexte que ce soit ou puisse être, tant que le recouvrement sera fait dans leur Bureau.

Le quatriéme, que de la présente Déliberation il sera remis trois Expéditions en forme à MM. les Huissiers, une copie à chacun de leurs Clercs, & un Extrait à chacun des Confreres.

L'Affaire mise en Déliberation.

La Compagnie, sous le bon plaisir de Monseigneur le Chancelier, a arrêté.

1°. Que M. le Greffier prendra au premier jour, de concert avec MM. les Huissiers du Conseil & de la Grande Chancellerie, les arrangemens les plus convenables avec leurs Clercs, pour la perception des sommes qui doivent être payées par Messieurs les Confreres, en conséquence de la Déliberation du dix Mars mil ſept cent trente neuf, ſçavoir,

Deux livres pour chaque Arrêt définitif ou adjudicatif de dépens, ſoit du Conſeil, ſoit de la Direction des Finances, même pour chaque Arrêt qui aura jugé définitivement un incident.

Une livre pour chaque Jugement de pareille nature, rendu dans les Commiſſions du Conſeil.

Et trois livres pour la perception du droit d'aſſiſtance qui doit être payé par chaque Avocat, ſuivant la Déliberation du dix Mars mil ſept cent trente neuf, & ce, en donnant à ſignifier ſa Déclaration de dépens.

2°. Que M. le Greffier fera tous les mois compter de ces ſommes par les Clercs de MM. les Huiſſiers, & en retirera le produit pour le porter dans le compte qu'il eſt tenu de rendre tous les ans.

3°. Que de la perception ainſi faite, il ne pourra reſulter aucune choſe directement ni indirectement, au préjudice de MM. les Huiſſiers, pas même de concurrence avec eux, en cas de diſcuſſion des effets de leurs Clercs, ou d'inſolvabilité de leur part, attendu que c'eſt uniquement pour faire plaiſir à la Compagnie qu'ils ont conſenti que ledit recouvrement ſe fiſt en leur Bureau & par leurs Clercs, & ſans néanmoins qu'on pût en employer d'autres ſous quelque prétexte que ce ſoit, tant que ledit recouvrement ſera fait dans ledit Bureau.

4°. Qu'il ſera remis trois expéditions en forme de la préſente Déliberation à MM. les Huiſſiers, & une copie à chacun de leurs Clercs, & à l'égard de Meſſieurs les Confreres, qu'il ſera envoyé à chacun d'eux un Extrait de la préſente Déliberation; & ont meſdits Sieurs Syndics ſigné.

www.ingramcontent.com/pod-product-compliance
Ingram Content Group UK Ltd.
Pitfield, Milton Keynes, MK11 3LW, UK
UKHW021041260726
13994UKWH00005B/2291

9 782329 362090